BEI GRIN MACHT SICH IHR WISSEN BEZAHLT

AF141922

- Wir veröffentlichen Ihre Hausarbeit,
  Bachelor- und Masterarbeit

- Ihr eigenes eBook und Buch -
  weltweit in allen wichtigen Shops

- Verdienen Sie an jedem Verkauf

Jetzt bei www.GRIN.com hochladen
und kostenlos publizieren

Bibliografische Information der Deutschen Nationalbibliothek:

Die Deutsche Bibliothek verzeichnet diese Publikation in der Deutschen National-bibliografie; detaillierte bibliografische Daten sind im Internet über http://dnb.d-nb.de/ abrufbar.

Dieses Werk sowie alle darin enthaltenen einzelnen Beiträge und Abbildungen sind urheberrechtlich geschützt. Jede Verwertung, die nicht ausdrücklich vom Urheberrechtsschutz zugelassen ist, bedarf der vorherigen Zustimmung des Verlages. Das gilt insbesondere für Vervielfältigungen, Bearbeitungen, Übersetzungen, Mikroverfilmungen, Auswertungen durch Datenbanken und für die Einspeicherung und Verarbeitung in elektronische Systeme. Alle Rechte, auch die des auszugsweisen Nachdrucks, der fotomechanischen Wiedergabe (einschließlich Mikrokopie) sowie der Auswertung durch Datenbanken oder ähnliche Einrichtungen, vorbehalten.

Impressum:

Copyright © 2019 GRIN Verlag
Druck und Bindung: Books on Demand GmbH, Norderstedt Germany
ISBN: 9783346137845

Dieses Buch bei GRIN:

https://www.grin.com/document/512706

Patrick Schulze

Do Nukes Matter? Argumentationen von Waltz, Sagan, Mueller und Colby zur Relevanz von Atomwaffen

GRIN Verlag

GRIN - Your knowledge has value

Der GRIN Verlag publiziert seit 1998 wissenschaftliche Arbeiten von Studenten, Hochschullehrern und anderen Akademikern als eBook und gedrucktes Buch. Die Verlagswebsite www.grin.com ist die ideale Plattform zur Veröffentlichung von Hausarbeiten, Abschlussarbeiten, wissenschaftlichen Aufsätzen, Dissertationen und Fachbüchern.

Besuchen Sie uns im Internet:

http://www.grin.com/

http://www.facebook.com/grincom

http://www.twitter.com/grin_com

Schriftliche Ausarbeitung (Modul 11 a]) des Referats zur 2. Seminarsitzung („Do Nukes Matter?")

Name: Patrick Schulze

Fachsemester: 2 (Master of Education [Gymnasium])

Seminar: „Stand und Perspektiven der nuklearen

Nonproliferation, Rüstungskontrolle und Abrüstung"

Datum der Abgabe: 03.01.2019

Inhalt

1 Einleitung 3

2 Kenneth Waltz: Die Abschreckung als Friedensgarant? 5

    2.1 Allgemeines 5

    2.2 Diskussion 6

3 Scott. D. Sagan: „Non-Proliferation" und "Global Zero" als Lösungsansatz? 8

    3.1 Allgemeines 8

    3.2 Diskussion 9

4 John Mueller: Nuklearwaffen sind ein nutzloses Statussymbol 11

    4.1 Allgemeines 11

    4.2 Diskussion 12

5 Elbridge Colby: „If you want war, prepare for nuclear war" 13

    5.1 Allgemeines 13

    5.2 Diskussion 14

6 Persönliches Fazit 15

7 Literaturverzeichnis 17

1 Einleitung

Nuklearwaffen spielen seit dem Zweiten Weltkrieg eine zentrale Rolle in den Internationalen Beziehungen. Besonders durch das Wettrüsten im Kalten Krieg zwischen Russland und den USA erlangten die Waffen einen bedrohlichen und zerstörerischen Ruf. Eine unvorstellbare Menge von staatlichen Investitionen wurden zu dieser Zeit in die Aufrüstung des Nuklearwaffenarsenals gesteckt. Offiziell besitzen aktuell, neben Russland und den USA, die Mächte Frankreich, China und Großbritannien Atomwaffen (Dreckmann, 2017). Der Besitz dieser Waffen in diesen Staaten ist durch den Atomwaffensperrvertrag, der die Abrüstung erweitern, die Proliferation verhindern und die „friedliche" Nutzung von Nuklearenergie gewährleisten soll, (Non-Proliferation Treaty, NPT) international akzeptiert und festgehalten. Die Staaten Indien, Pakistan und Nordkorea besitzen ebenfalls Atomwaffen, haben den Vertrag aber weder unterzeichnet noch ratifiziert. Zudem geht man davon aus das Israel Atomwaffen besitzt. Dies haben sie aber nie offiziell bestätigt und konnte ihnen offiziell auch nicht nachgewiesen werden. In letzter Zeit sind vor allem die Debatten das Atomwaffenprogramm von Nordkorea und die Debatte um den Iran (USA kündigt IRAN-Atomabkommen) in die Schlagzeilen der internationalen Medien geraten. Seit dem zweiten Weltkrieg wurden Atomwaffen nicht mehr zu Kriegszwecken eingesetzt (Tests sind hiervon ausgenommen) (Rose, 2018). Lediglich die Atombombenabwürfe der USA auf Hiroshima und Nagasaki (August 1945) verzeichnen die einzigen kriegerischen Einsätze von Atomwaffen (Einsatz mündetet in der Kapitulation Japans im WW II). Die Welt hat sich seit diesen Vorfällen drastisch verändert. Ebenso ist der Rüstungswettkampf zwischen den USA und Russland (damals UdSSR) im kalten Krieg Vergangenheit.

Doch welchen Einfluss hatten die Atomwaffen während des Kalten Kriegs auf die Politik, auf Internationale Beziehungen, auf staatliche Akteure und auf die Gesellschaft? Und welchen Einfluss haben sie auf die aktuellen Internationalen Beziehungen?

Die Frage des Referates „Do Nukes Matter?", auf dem diese Arbeit basiert wird im Folgenden aus vier verschiedenen Perspektiven erörtert. Die amerikanischen Politikwissenschaftler Kenneth Waltz (Begründer der Neorealismus), John Mueller, Scott Sagan (Professor of Political Science an der Stanford University) und der „Deputy Assistant Secretary of Defense for Strategy and Force Develoment" Elbridge Colby, stellen unterschiedliche Ansätze und Argumentationen dar, ob und welchen Einfluss Atomwaffen auf die Internationalen Beziehungen hatten und haben werden. Die Ansätze werden kurz vorgestellt und daraufhin diskutiert.

2 Kenneth Waltz: Die Abschreckung als Friedensgarant?

2.1 Allgemeines

In seinem Artikel „Nuclear Myths and Political Realities" den Kenneth Waltz im September 1990 in der Zeitschrift „The American Political Science Review" (Vol. 84/3) veröffentlichte, möchte Waltz den „schlechten" Ruf, den Nuklearwaffen oftmals in vielen Gesellschaften haben, widerlegen. Er sieht Atomwaffen als den Faktor an, der seit dem Zweiten Weltkrieg, „schlimmere" Kriege oder gar einen dritten Weltkrieg verhindert hat. Die zentrale Komponente ist hierbei die Abschreckung, beziehungsweise die abschreckende Wirkung durch einen möglichen Einsatz von Atomwaffen. Durch Atomwaffen ist die Kriegsführung und eine mögliche Verteidigung irrelevant geworden, da die Zerstörungskraft der Atombomben sehr groß ist:

„Nuclear warheads eliminate the necessity of fighting and remove the possibility of defending[...]"

(Waltz, 1990, S. 732).

Um ein anderes Land abschrecken zu können, muss der „drohende" Staat die Möglichkeit haben das ganze Land des Gegners zu zerstören. Dieser Faktor schreckt den Gegner ab. Jedoch ist es schwierig einen Gegner so zu treffen, dass man sich sicher sein kann keinen Vergeltungsschlag zu erhalten. Der „First-Strike" müsste alle möglichen nuklearen Vergeltungsmaßnahmen des Gegners zerstören. Die „second-strike-capability" schreckt daher einen möglichen Angreifer ab. Keiner hat einen Vorteil den anderen anzugreifen und kein (rationaler) Staatsführer kann solch ein Risiko seinem Volk gegenüber verantworten. Somit entsteht ein „Gleichgewicht der Abschreckung" (im Kalten Krieg auch als „balance of terror" bezeichnet [Wohlstetter, 1959]), das den Frieden zwischen Atommächten garantiert. Zudem spricht er sich für eine weitere (gemäßigte) Proliferation/Verteilung von Atomwaffen aus, für Staaten, die in der internationalen Politik für die Sicherheit in ihrer Region selbst verantwortlich sind (Waltz, 1981, S.4). Auch einem „Global Zero" steht er kritisch gegenüber. Dies könnte den schon lange bestehenden Frieden gefährden, da das Wissen wie Atomwaffen gebaut werden weiterhin besteht und Kriege mit konventionellen Waffen seiner Ansicht dadurch häufiger werden.

2.2 Diskussion

Kenneth Waltz Argumentation scheint sich auf den ersten Blick besonders auf die Zeit im Kalten Krieg zu beziehen, bei der durch ein Wettrüsten der beiden Großmächte USA und Russland (damals UdSSR), eine große Abschreckung entstand. Durch die großen Atomwaffenarsenale konnten beide Staaten jederzeit den anderen komplett zerstören und auch die Möglichkeit eines „Second-Strike" war durch die große Anzahl gegeben. Waltz sagt sogar, dass die Anzahl viel zu hoch gewesen ist und auch immer noch sei, weshalb er sich auch für „leichte" Abrüstung („second-strike-capability muss erhalten bleiben) ausspricht. Seine Argumentation lässt sich aber auch auf die heutige Zeit übertragen:

"Yet since the end of World War II, states with nuclear weapons have never fought one another"

(Waltz, 2010, S.92).

Es sind weiterhin keine kriegerischen Akte (durch Atomwaffen) zu verzeichnen. Er begründet zum Beispiel den anhaltenden Frieden zwischen Indien und Pakistan mit dem Besitz von Atomwaffen beider Staaten (ebd., S.93). Jedoch trugen Indien und Pakistan den Konflikt mit konventionellen Waffen aus, obwohl sie zu dieser Zeit schon Atomwaffen besaßen. Seine „Abschreckungstheorie" greift hier also nicht voll. Eine komplette Abrüstung, oftmals im politischen Diskurs als „Global Zero" bezeichnet, würde die Leistungen der Atomwaffen durch Abschreckung in den letzten Jahrzehnten zu Nichte machen.

Trotzdem kann nicht abgestritten werden, dass seit dem WW II keine Atomwaffen in Kriegen mehr eingesetzt wurden. Ob dieser „Verdienst" allein der Abschreckung zuzuschreiben ist lässt sich aber nicht eindeutig belegen. Leider äußert sich Waltz in seinen aktuellen Beiträgen nur selten zur Atommacht China, die in der aktuellen Debatte, einen großen Einfluss auf die Internationalen Beziehungen haben könnten. Seine Argumentation der Abschreckung in Bezug auf China wäre ein interessanter Beitrag zur aktuellen Debatte.

3 Scott. D. Sagan: „Non-Proliferation" und "Global Zero" als Lösungsansatz?

3.1 Allgemeines

Scott D. Sagan, ebenfalls amerikanischer Politikwissenschaftler an der Stanford Universität, beschäftigt sich politikwissenschaftlich hauptsächlich mit der Internationalen Sicherheit in Bezug auf Atomwaffen und deren Abrüstung. Er ist der „Gegenspieler" zu Waltz` Argumentation Atomwaffen weiter zu verbreiten, um den Frieden durch Abschreckung zu wahren. Sagan spricht sich für eine Verhinderung der Proliferation und eine komplette Abrüstung von Nuklearwaffen aus. Das es noch zu keinem Atomunglück oder -unfall kam ist für ich nur ein glücklicher Zufall:

"Das tägliche Risiko eines Atomwaffenunfalls mag noch so klein sein - langfristig ist die Wahrscheinlichkeit für eine solche Katastrophe extrem groß und kann unter bestimmten Voraussetzungen sogar zum Atomkrieg führen"

(Sagan, 1993; übersetzt vom Spiegel Online).

Hierbei bezieht er sich besonders auf Situationen die beinahe zum Einsatz von Atomwaffen geführt hätten und dadurch einen zerstörerischen Krieg verursacht hätten. Den Ansatz von Kenneth Waltz sieht er als nicht mehr aktuell und nur auf die bipolare Konstellation des Kalten Krieges bezogen an. Die größte Gefahr ginge aktuell von terroristischen Gruppierungen und unberechenbaren Staatsführern aus, die durch weitere Proliferation mehr Möglichkeiten bekommen an Atomwaffen heranzukommen. Terroristische Gruppierungen sind gefährlich, da sie keine Angst vor einem Vergeltungsschlag haben und irrational handeln (Sagan, 2010, S.89). Diese Gefahr ist das zentrale Element seiner Argumentation zur Abrüstung und „Non-Proliferation". Als ersten Schritt sieht Sagan die Erhöhung von Kontrollen und Sicherheitsmechanismen, um die Proliferation einzuschränken. Sein angestrebtes Ziel, ist ein „Global Zero". Er selbst sieht dieses Szenario aber noch in weiter Ferne, da ein Kompromiss bezüglich der kompletten Abrüstung auf internationaler Ebene sehr schwierig scheint (ebd., S.90).

Trotzdem erkennt auch Scott Sagan, das eine Welt ohne Nuklearwaffen, keine Welt ohne Krieg sein wird (ebd., S.91). Konflikte werden weiterhin auch kriegerisch ausgetragen, jedoch nicht mit dieser Zerstörungsgewalt, die einen großen Teil von Ländern oder gar der Menschheit vernichten kann.

3.2 Diskussion

Scott D. Sagan stellt die Gefahr der Atomwaffennutzung durch terroristische Gruppierungen und irrational-handelnde Staatsführer in seinem Ansatz in den Vordergrund. Durch weitere Proliferation steigt die Gefahr, dass eben diese Akteure an Atomwaffen herankommen. Sein Ziel ist daher eine komplette internationale Abrüstung, um dieses Szenario zu verhindern. Doch selbst wenn ein „Global Zero" erreicht ist, bleibt das Wissen über den Bau von Nuklearwaffen bestehen und die dadurch entstehende Gefahr eines neuen „Wettrüstens" oder gar geheime Aneignung von Atomwaffen durch sogenannte „rogue states" wird wieder präsent. Waltz weist darauf hin, das selbst Obama, der den Terminus „Global Zero" erschaffen hat, sich zwar diese nuklearwaffenfreie Welt wünscht, jedoch keine Lösung in den nächsten Jahrzehnten sieht und deshalb auch die Abrüstung der USA aktuell keine Option ist:

"Make no mistake: As long as these weapons exist, the United States will maintain a safe, secure and effective arsenal to deter any adversary, and guarantee that defense to our allies."

(Obama, 2009 – Graham, 2009)

Auch im aktuellen Kontext scheint das Szenario Sagan`s in weite Ferne gerückt zu sein. Sowohl Russland, als auch die USA investieren mehr Geld in ihr atomares Waffenarsenal. Zwar wird nicht weiter aufgerüstet, aber die bestehenden Waffen werden verbessert und modernisiert um sie taktisch besser einsetzen zu können.

Zudem wurde im August 2019 der INF-Vertrag (Intermediate Range Nuclear Forces) außer Kraft gesetzt (Bundesministerium für Verteidigung, 2019), wodurch ein weiteres Aufrüsten der „Atom-Großmächte" wahrscheinlicher wird. Aus diesem Grund sehen China und andere Atomwaffenstaaten keinen Handlungsbedarf bezüglich der eigenen Abrüstung im Land und investieren daher auch mehr in Atomwaffen. Diese Geschehnisse stützen eher Waltz` Argumentation, bezüglich der Relevanz von Atomwaffen. Sagan warnt jedoch vor genau dieser aktuellen Entwicklung in seiner Argumentation. Ob sich seine Vermutungen bezüglich der Gefährdung durch Proliferation bestätigen oder unerwartet eine starke Abrüstungsbewegung zu Stande kommt wird sich erst in den nächsten Jahrzehnten zeigen.

4 John Mueller: Nuklearwaffen sind ein nutzloses Statussymbol

4.1 Allgemeines

John Mueller, ein amerikanischer Politikwissenschaftler auf dem Gebiet der internationalen Beziehungen, sieht die Rolle von Atomwaffen im internationalen Kontext, im Vergleich zu Kenneth Waltz und Scott D. Sagan, als nicht sehr bedeutend an. In seinem Artikel „Nuclear Weapons don`t matter – but nuclear hysteria does" aus dem Jahr 2018 erläutert er diesen Ansatz näher.

Für ihn haben die Atomwaffen seit dem Zweiten Weltkrieg keine zentrale Rolle in den internationalen Beziehungen gespielt, auch keine abschreckende Rolle. Laut Mueller wäre auch zur Zeit des Kalten Krieges ohne Atomwaffen kein Krieg ausgebrochen, da Russland (und auch die USA) diesen gar nicht wirklich wollte (Mueller, 2018, S. 14). Sie dienen lediglich als Statussymbol für Staaten und Kosten eine Menge Geld:

„[…] their primary use has been to stoke the national ego or to posture against real or imagined threahts"

(Mueller, 2018, S.10).

Die Gefahr, dass durch Proliferation Terroristen an „Die Bombe" gelangen, wie Sagan es betont, sieht Mueller ebenfalls nicht, da der Aufwand, die Risiken und mögliche Konsequenzen beim Versuch selbst für radikale terroristische Gruppierungen zu groß sind (ebd., S. 15). Das Gleiche gilt für sogenannte „rogue states". Nur der Versuch der Anschaffung führt zur Zusammenarbeit vieler andere Staaten, um den Versuch zu verhindern. Solche Sanktionen können die wenigsten Länder kompensieren. Zudem erwähnt er, dass auch in der Vergangenheit irrationale und wahnsinnige Staatsführer wie Mao und Stalin im Besitz einer Atombombe waren und trotzdem wurden diese nicht zu kriegerischen Zwecken eingesetzt.

Durch diese Szenarien, die auch Waltz und Sagan postulieren, entsteht eine Hysterie gegenüber Atomwaffen, die eigentlich nicht notwendig ist. Seit über 60 Jahren ist keines dieser „Weltuntergangs-Szenarien" („Doomsday") eingetroffen und die Wahrscheinlichkeit das solch eine Katastrophe eintritt scheint laut Mueller ebenfalls sehr gering:

"Either we are the luckiest people in history or the risks have been overstated."

(ebd., S. 11).

Deshalb plädiert auch Mueller, ähnlich wie Scott D. Sagan für eine Abschaffung der Atomwaffen, da sie in den Internationalen Beziehungen keine Rolle spielen, unnötig viel Geld kosten und Hysterie durch ihre Anwesenheit ausgelöst wird.

4.2 Diskussion

John Mueller kommt letztlich zum Entschluss, das die oftmals dargestellten Abschreckungspotentiale und mögliche „worst-case-Szenarien" nicht wirklich zutreffen. Oftmals werden die Szenarien übertrieben dargestellt und eine regelrechte Hysterie deshalb ausgelöst, obwohl dies von der Realität weit weg zu sein scheint. Mueller spielt die Bedeutung von Terroristen und irrationalen Machtinhabern oder auch Diktatoren stark herunter. Für ihn gibt es kein Szenario, dass diese Akteure an Atomwaffen kommen. Diese Verharmlosung scheint etwas unrealistisch. Zudem kann die Darstellung von „Weltuntergangs-Szenarien" sicherheitspolitische Vorteile in einem Staat nach sich ziehen. Gefährliche Entwicklungen müssen von Staaten berücksichtigt werden (siehe Nordkorea) und dementsprechend muss sicherheitspolitisch reagiert werden.

Insgesamt spielt er die Rolle der Atomwaffen sehr stark herunter und seine Ansichten wirken teilweise überspitzt. Jedoch kann man nicht abstreiten, dass Atomwaffen in der jüngsten Geschichte nur eine begrenzte reale Bedeutung bezüglich internationaler Konflikte gespielt haben (Dülffer, 2010).

5 Elbridge Colby: „If you want war, prepare for nuclear war"

5.1 Allgemeines

Elbridge Colby, früher der stellvertretende Sekretär für Strategie und Streitkräfteentwicklung für das US-Verteidigungsministerium, bezieht sich in seinem Ansatz besonders auf die aktuelle Situation. Er sieht, anders wie Mueller, auch die Gefahr von Atomwaffen. Allerdings beschreibt er auch einen großen Vorteil gegenüber anderen Mächten durch eine nukleare Überlegenheit:

„The risks of nuclear brinkmanship may be enormous, but so is the payoff from gaining a nuclear advantage over an opponent. Nuclear weapons are, after all, the ultimate trump card: if you can convince your enemy that you have a way to play the card and are actually prepared to go through with it, nothing is more powerful."

(Colby, 2018, S.28).

Besonders die Großmächte China und Russland stellen für Colby eine akute Gefahr dar. Die USA muss diesen Mächten gegenüber Dominanz bezüglich Atomwaffen zeigen und überzeugend darstellen, das Atomwaffenoperationen effektiv durchführbar sind. Er betont hier, dass es nicht um die Zerstörung eines ganzen Landes oder einer Gesellschaft geht, sondern um den taktischen Einsatz von Atomwaffen gegenüber den Kontrahenten China und Russland. Durch die Stationierung bei Alliierten kann dieses taktische Mittel umgesetzt werden. Zusätzlich dient es als Schutz von verbündeten. Besonders durch den wirtschaftlichen „Rückgang" der USA und dem starken wirtschaftlichen „Aufstieg" Chinas fühlen sich die USA bedroht und suchen deshalb die Konfrontation mit China (auch wenn deren Atomwaffenarsenal um ein vielfaches kleiner ist.

In Colbys Ansatz spricht alles für eine Modernisierung des Atomwaffenarsenals (wenn nicht sogar für eine Aufrüstung) und eine Proliferation an Verbündete, um die atomare Vormachtstellung der USA zu verteidigen. Es wird sich für mögliche Kriege gerüstet, die taktisch mit präzisen Nuklearwaffen ausgetragen werden könnten.

5.2 Diskussion

Colbys Ansatz spiegelt grob die aktuelle amerikanische Atompolitik wieder. Modernisierung der Atomwaffen und strategische Überlegenheit gegenüber Russland und China haben höchste Priorität (obwohl US-Präsident Donald Trump diesbezüglich sich unterschiedliche geäußert hat). Das erschreckende daran ist die aktive Vorbereitung auf einen Atomkrieg. Konsequenzen und Folgen von Colbys Ansatz und der aktuellen Umsetzung (teilweise) der US-Regierung werden wenig thematisiert. Er überzeugt mit der potenziellen Gefahr durch andere Großmächte nicht nur innenpolitisch sondern sendet damit auch klare Signale an Verbündete. Die zentrale Frage seines Ansatzes ist, ob diese Gefahr überhaupt in diesem Maß existiert? Fakt ist, das sowohl China als auch Russland, ihr Atomwaffenarsenal modernisieren und teilweise aufrüsten. Dies hängt besonders mit aktuell auslaufenden Verträgen und mangelnder Gesprächs- und Kompromissbereitschaft der Staatsführer zusammen. Die USA möchte ihre Rolle als die einzige Weltmacht (aus Sicht der USA) nicht verlieren und versucht mit dieser Taktik ihre Position zu stärken. Des Weiteren ist es fraglich ob Verbündete eine Stationierung von Atomwaffen tolerieren. Dies ist ein Punkt in Colbys Ansatz der in der US-amerikanischen Politik aktuell noch nicht angestrebt wird. In vielen Ländern ist eine klare Abneigung gegen Atomwaffen festzustellen, weshalb es hier zu Problemen bezüglich dieses Vorhabens kommen kann.

6 Persönliches Fazit

Alle vorgestellten Argumentationen haben einen nachvollziehbaren Ansatz. Die „Abschreckungsthese" von Waltz, die er in besonderem Maße im Kalten Krieg bestätigt sah, kann durchaus auch auf die heutige Situation in den Internationalen Beziehungen bezogen werden. Durch die gegenseitige Abschreckung kann in unterschiedlichsten Regionen ein Gleichgewicht entstehen, das einen Konflikt verhindert. Der Argumentation, das eine weitere Proliferation sinnvoll wäre, kann ich aber nicht zustimmen. Die Gefahr besteht dann nicht nur darin das „rogue states" mit „wahnsinnigen" Staatsführen oder terroristische Gruppierungen an „die Bombe" gelangen, sondern auch das Risiko von Unfällen oder Missverständnissen, die eine atomare Explosion auslösen steigt dadurch enorm. Zudem berücksichtigt Waltz in seinem Ansatz (noch) nicht die aktuellen Entwicklungen. Taktische Kriegsführung mit kleinen atomaren Sprengköpfen würde die Wirkung der Abschreckung, die er insbesondere an der enormen Zerstörungskraft der Waffen festmacht, stark reduzieren.

Sagans Ansatz würde in Deutschland viele Befürworter finden, da unsere Gesellschaft Atomwaffen gegenüber eher abgeneigt ist. Ihm ist bewusst das sein Traum vom „Global Zero" große Herausforderungen mit sich bringt, wie starke Kontrollen, Kompromisse und schwierige Verhandlungen, jedoch sieht er in der atomwaffenfreien Welt den sichersten Zustand. Er hebt besonders die Gefahr durch Terroristen und andere irrationale Akteure hervor, die von einer steigenden Proliferation profitieren könnten. Meiner Meinung nach ist der Zustand den Sagan verfolgt erstrebenswert da durch starke Kontrollen durchaus eine atomwaffenfreie Welt möglich wäre. Betrachtet man jedoch die aktuelle Situation international, scheint sein Ansatz unrealistischer denn je. Die Entwicklungen tendieren eher zu einer weiteren Aufrüstung und Proliferation. Jedoch könnten neue Vertragsgespräche von auslaufenden Verträgen und ein neuer Präsident im nächsten Jahr die außenpolitische Richtung neu gestalten.

John Mueller strebt ebenfalls die Abschaffung der Atomwaffen an. Jedoch nicht weil sie eine Gefahr für die Menschheit darstellen, sondern weil sie zu teuer, nutzlos und lediglich als Statussymbol dienend in Erscheinung treten. Er sieht weder in der

Vergangenheit noch heute die relevante Rolle der Atomwaffen. Seinen Aussagen nach wollten weder Russland noch die USA jemals eine Militäroffensive gegen den Anderen starten. Es wirkt teilweise sehr stark verharmlosend angesichts der potenziellen Zerstörungskraft dieser Massenvernichtungswaffen. Die Wahrscheinlichkeit eines Einsatzes von Atomwaffen scheint, laut ihm, sehr gering. Auch Mueller vergisst hier aktuelle Entwicklungen. Durch die Modernisierung und den möglichen Einsatz von Atomwaffen als taktisches Kriegsmittel wird sein Ansatz teilweise widerlegt. Er bezieht sich vermutlich aber nur auf die „großen" zerstörerischen Atomwaffen, die der Abschreckung und daraus folgenden Friedenssicherung dienen. Dieser These möchte er mit seinem Ansatz widersprechen.

Colby zeigt in seinem Ansatz seine direkte Nähe zur aktuellen Atompolitik der USA. Teile seines Ansatzes werden auch von der aktuellen Regierung so in der Öffentlichkeit diskutiert. Persönlich ist seine Argumentation aber das erschreckendste Szenario, da für mich die Gefahr eines nuklearen Kriegs oder Unfalls durch starke Proliferation, Modernisierung und Aufrüstung im internationalen Kontext enorm gesteigert wird.

Es bleibt interessant wie sich die Internationalen Beziehungen bezüglich der Atomwaffen in den nächsten Jahren und Jahrzehnten entwickeln. Alle vier Ansätze scheinen auch für die Zukunft mögliche Erklärungen für die Relevanz von Atomwaffen im internationalen Kontext liefern zu können.

7 Literaturverzeichnis

Bundesministerium für Verteidigung (2019). *Erklärt: Der INF-Vertrag.* Abgerufen unter https://www.bmvg.de/de/aktuelles/erklaert-der-inf-vertrag-30250 (zugegriffen am 15.12.2019).

Colby, E. (2018). *If you want war, prepare for nuclear war. A Strategy for the new Great-Power rivalry.* Abgerufen unter https://www.foreignaffairs.com/articles/china/2018-10-15/if-you-want-peace-prepare-nuclear-war (zugegriffen am 17.12.2019).

Dreckmann, V. (2017). *Wer hat Atomwaffen?* Abgerufen unter https://www.tagesschau.de/ausland/faq-atomwaffen-atomvertraege-101.html (zugegriffen am 12.12.2019).

Dülffer, J. (2010): Rezension zu: *Mueller, John: Atomic Obsession. Nuclear Alarmism from Hiroshima to Al Qaeda.Oxford 2009.* in: H-Soz-Kult, 02.07.2010, Abgerufen unter <www.hsozkult.de/publicationreview/id/reb-14663> (zugegriffen am 16.12.2019).

Mueller, J. (2018). *Nuclear Weapons Don´t Matter. But Nuclear Hysteria Does.* Abgerufen unter https://www.foreignaffairs.com/articles/2018-10-15/nuclear-weapons-dont-matter (zugegriffen am 16.12.2019).

Obama, B. (2009) [delivered by Graham, N.]: *Obama Prague Speech on Nuclear Weapons.* Abgerufen unter https://www.huffpost.com/entry/obama-prague-speech-on-nu_n_183219?guce_referrer=aHR0cHM6Ly93d3cuYmluZy5jb20vc2VhcmNoNoP3E9T2JhbWErc3BlYWNoK3ByYWd1ZSZxcz1uJmZvcm09UUJSRSZzcD0tMSZwcT1vYmFtYStzcGVja+GVhY2grcH4hZyZzY0wLTE3JnNrPSZjdmlkPTIxMDhGMDBGGMTVFRTQ4MDdCRDczNTICRjEwN0MzQ0Mz&guce_referrer_sig=AQAAAIBIhOUcaSkjll0yHRvzFJwq2JrmPSmnUpAbqhWEfJIY50X6YCdxZRNd_Ozw7op1Uwj2THDNUJAJrqqRiaVaBDIiVoFaYLX0xv9KfPzsAyobEN9oQgSsWf_pA4LYgYz39E8OUTRtAohvNsyDLuXBujvhNsDpHzJyYhOR6_p5xfjo&_guc_consent_skip=1577474707 (zugegriffen am 15.12.2019).

Rose, G. (2018) *What´s inside. Nearly three-quarters of century into the atomic age, it is sobering to consider how little we really know.* Abgerufen unter https://www.foreignaffairs.com/articles/2018-10-15/do-nuclear-weapons-matter (Zugegriffen am 12.12.2019).

Sagan, S. D. (1993) [zusammengefasst von Der Spiegel]: *Atomwaffen. Finstere Gestalt.* Abgerufen unter https://magazin.spiegel.de/EpubDelivery/spiegel/pdf/13679806 (zugegriffen am 14.12.2019).

Waltz, K. (1981). *The Spread of Nuclear Weapons: More may be better.* Adelphi Papers, No. 171. London: International Institute for Strategic Studies.

Waltz, K. (1990). *Nuclear myths and political realities.* The American Political Science Review, Vol 84/3, S.731-745. American Politicial Science Association.

Waltz, K, & Sagan, S. D. (2010) *The Great Debate: Is Nuclear Zero the Best Option*. The National Interest, No. 109, S. 88-96.

Wohlstetter, A. (1959). *The delicate balance of terror*. Abgerufen unter https://www.foreignaffairs.com/articles/1959-01-01/delicate-balance-terror (Zugegriffen am 14.12.2019).

BEI GRIN MACHT SICH IHR
WISSEN BEZAHLT

- Wir veröffentlichen Ihre Hausarbeit,
  Bachelor- und Masterarbeit

- Ihr eigenes eBook und Buch -
  weltweit in allen wichtigen Shops

- Verdienen Sie an jedem Verkauf

Jetzt bei www.GRIN.com hochladen
und kostenlos publizieren